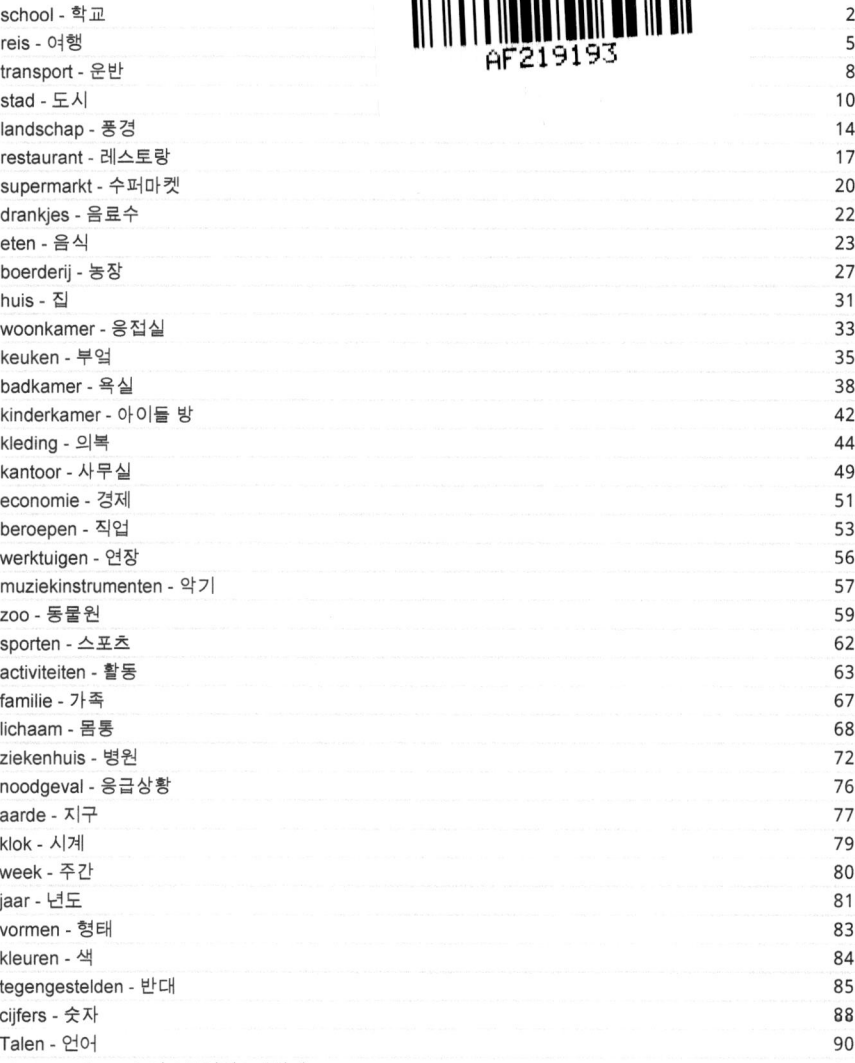

Impressum
Verlag: BABADADA GmbH, Nedderfeld 112 , 22529 Hamburg
Geschäftsführer / Verlagsleitung: Harald Hof
Druck: Books on Demand GmbH, In de Tarpen 42, 22848 Norderstedt

Imprint
Publisher: BABADADA GmbH, Nedderfeld 112 , 22529 Hamburg, Germany
Managing Director / Publishing direction: Harald Hof
Print: Books on Demand GmbH, In de Tarpen 42, 22848 Norderstedt

school

학교

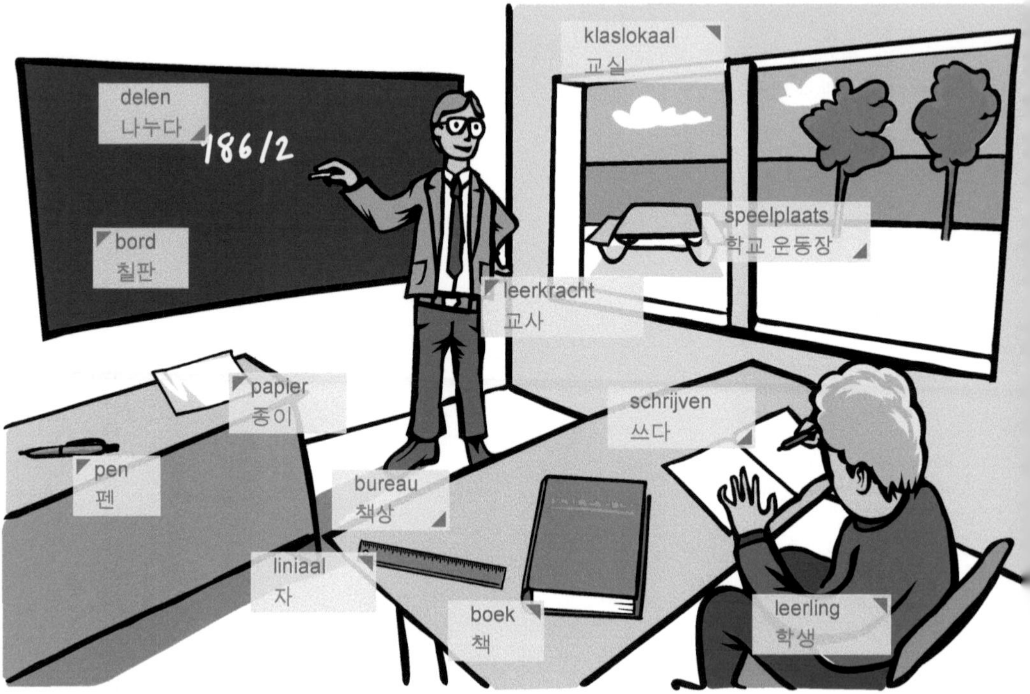
klaslokaal
교실
delen
나누다
186/2
bord
칠판
speelplaats
학교 운동장
leerkracht
교사
papier
종이
schrijven
쓰다
pen
펜
bureau
책상
liniaal
자
boek
책
leerling
학생

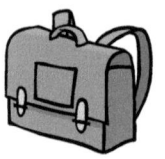

schooltas

책가방

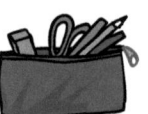

pennenzak

필통

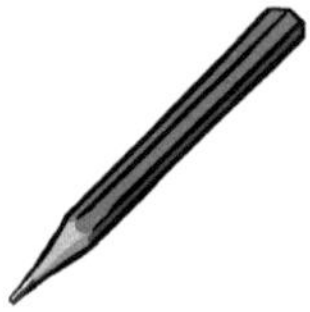

potlood

연필

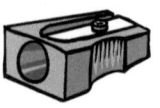

puntenslijper

연필깎이

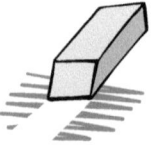

gom

지우개

tekenblok

스케치북

tekening

그림

verfborstel

붓

verfdoos

그림물감 통

schaar

가위

lijm

풀

werkboek

연습장

huiswerk

숙제

12

nummer

숫자

2+2

optellen

더하다

5-2

aftrekken

빼다

2×2

vermenigvuldigen

곱하다

rekenen

계산 하다

A

letter

글자

ABCDEFG
HIJKLMN
OPQRSTU
VWXYZ

alfabet

알파벳

hello

woord

낱말

tekst

텍스트

Lezen

읽다

krijt

분필

les

수업시간

klassenboek

출석부

examen

시험

certificaat

증명서

schooluniform

교복

onderwijs

교육

encyclopedie

백과사전

universiteit

대학교

microscoop

현미경

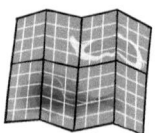

kaart

지도

papiermand

휴지통

hotel
호텔

Grand

jeugdherberg
호스텔

ROOMS

wisselkantoor
환전소

ECHANGE

koffer
여행가방

auto
자동차

Taal
언어

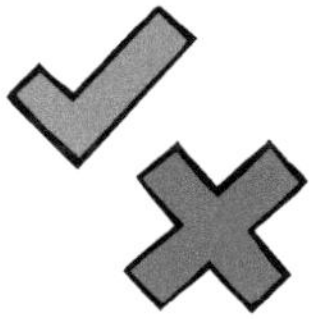

ja / nee
예 / 아니오

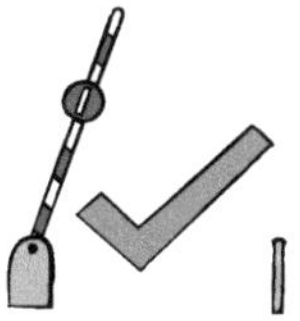

oké
좋아

hallo
안녕

vertaler
번역가

bedankt
고마워, 고마워요

Hoeveel kost …?

... 얼마입니까?

Ik begrijp het niet

나는 이해하지 못합니다

probleem

문제

Goedenavond!

안녕하세요!

Goedemorgen!

안녕하세요!

Goedenavond!

잘자요!

Tot ziens

또 만나요

richting

방향

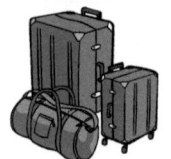

bagage

수하물

zak

가방

rugzak

배낭

gast

손님

kamer

방

slaapzak

침낭

tent

텐트

toeristeninformatie

여행 안내

strand

해변

kredietkaart

신용카드

ontbijt

아침식사

lunch

점심식사

avondeten

저녁식사

ticket

승차권

lift

승강기

postzegel

우표

grens

경계

douane

세관

ambassade

대사관

visum

비자

paspoort

여권

transport
운반

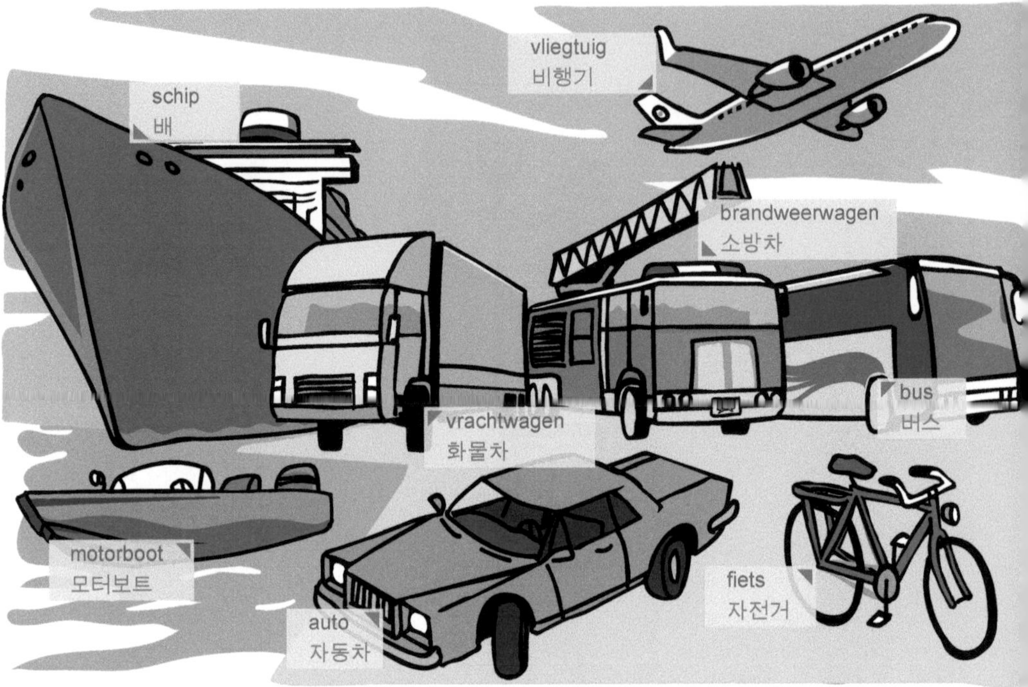
vliegtuig
비행기
schip
배
brandweerwagen
소방차
vrachtwagen
화물차
bus
버스
motorboot
모터보트
fiets
자전거
auto
자동차

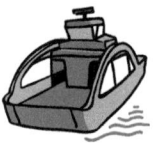

veerboot
페리

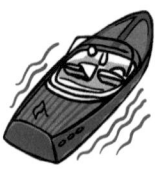

boot
보트

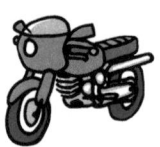

motor
오토바이

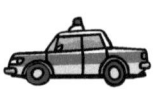

politiewagen
경찰차

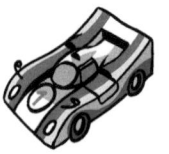

racewagen
경주차

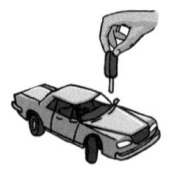

huurauto
렌트카

carpoolen

카셰어링

sleepwagen

견인차

vuilniswagen

쓰레기차

motor

모터

benzine

연료

benzinestation

주유소

verkeersbord

교통 표지

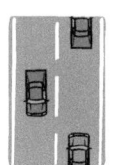

verkeer

교통

file

교통 정체

parkeerplaats

주차장

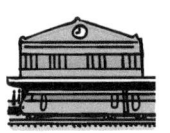

station

기차역

sporen

트랙터

trein

기차

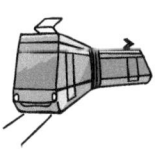

tram

전차

wagon

객차

helikopter

헬리콥터

luchthaven

공항

toren

타워

passagier

승객

container

컨테이너

karton

상자

kar

카트

mand

바구니

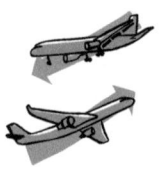

opstijgen / landen

출발하다 / 도착하다

stad

도시

dorp

마을

stadscentrum

도심

huis

집

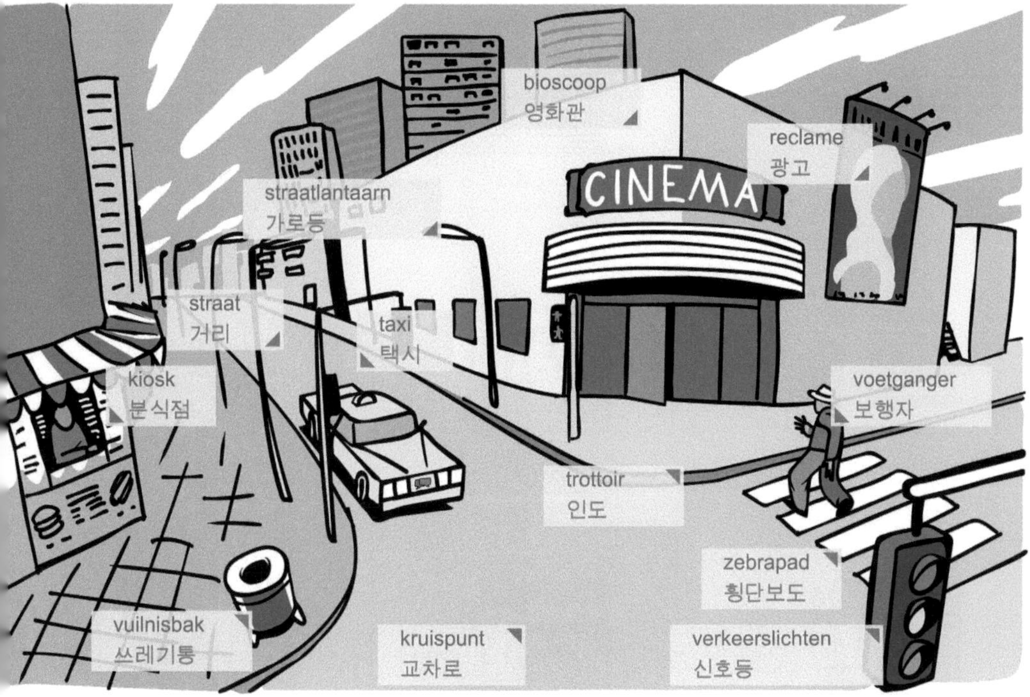
bioscoop
영화관
CINEMA
reclame
광고
straatlantaarn
가로등
straat
거리
taxi
택시
kiosk
분식점
voetganger
보행자
trottoir
인도
zebrapad
횡단보도
vuilnisbak
쓰레기통
kruispunt
교차로
verkeerslichten
신호등

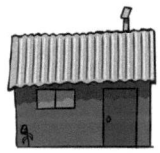

hut

오두막

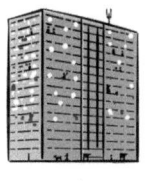

woning

주택

station

기차역

stadshuis

시청

MUSEUM

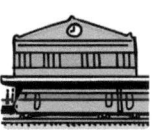

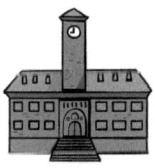

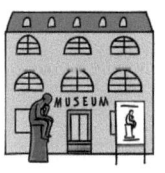

museum

박물관

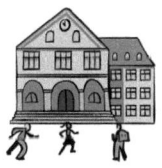

school

학교

universiteit

대학교

bank

은행

ziekenhuis

병원

hotel

호텔

apotheek

약국

kantoor

사무실

boekwinkel

서점

winkel

상점

bloemenwinkel

꽃가게

supermarkt

수퍼마켓

markt

시장

warenhuis

백화점

vishandelaar

생선가게

winkelcentrum

쇼핑 센터

haven

항구

park
공원

bank
벤치

brug
다리

trap
계단

metro
지하철

tunnel
터널

bushalte
버스 정류장

bar
바

restaurant
레스토랑

brievenbus
우체통

straatnaambord
도로 표지판

parkeermeter
주차료 징수기

zoo
동물원

zwembad
수영장

moskee
모스크 사원

boerderij
농장

milieuverontreiniging
환경오염

kerkhof
공동묘지

kerk
교회

speelplaats
놀이터

tempel
절

landschap
풍경

blad
잎

wegwijzer
이정표

weg
길

weide
초원

steen
돌

boom
나무

wandelaar
도보여행자

rivier
강

gras
잔디

bloem
꽃

vallei

계곡

heuvel

산

meer

호수

bos

숲

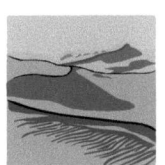

woestijn

사막

vulkaan

화산

kasteel

성

regenboog

무지개

paddenstoel

버섯

palmboom

야자나무

mug

모기

vlieg

파리

mier

개미

bijl

벌

spin

거미

kever

딱정벌레

kikker

개구리

eekhoorn

다람쥐

egel

고슴도치

haas

토끼

uil

부엉이

vogel

새

zwaan

백조

wild zwijn

맷돼지

hert

사슴

eland

순록

dam

댐

windturbine

풍력 터빈

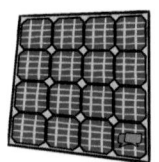

zonnepaneel

태양광 전지판

klimaat

기후

restaurant
레스토랑

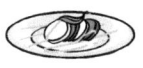

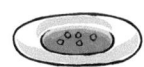

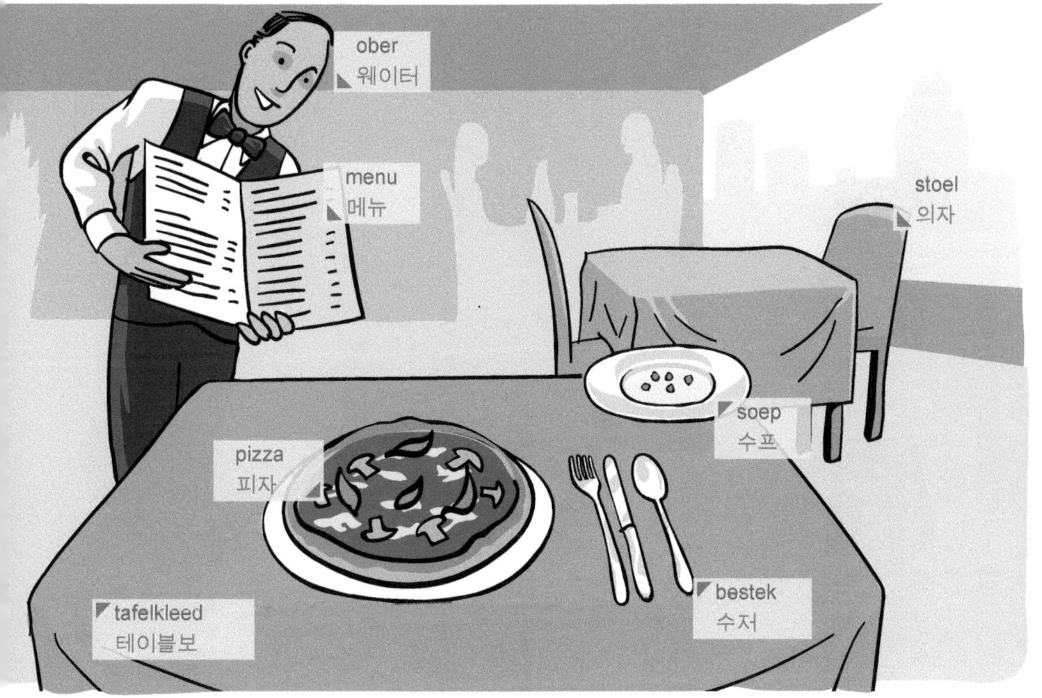
ober
웨이터
menu
메뉴
stoel
의자
soep
수프
pizza
피자
bestek
수저
tafelkleed
테이블보

voorgerecht

전채요리

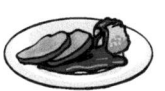

hoofdgerecht

주요리

nagerecht

후식

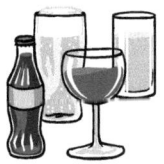

drankjes

음료수

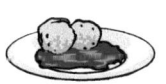

eten

음식

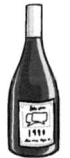

fles

병

fastfood

인스턴트 식품

street food

길거리음식

theepot

찻주전자

suikerpot

설탕통

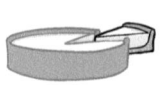

portie

인분

espressomachine

에스프레소 머신

kinderstoel

높은 의자

rekening

계산서

dienblad

쟁반

mes

칼

vork

포크

lepel

숟가락

theelepel

찻숟가락

serviette

냅킨

glas

유리잔

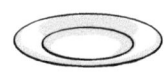

bord

접시

soepbord

수프 그릇

schoteltje

컵 받침

saus

소스

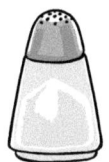

zoutvatje

소금통

pepermolen

후추통

azijn

식초

olie

기름

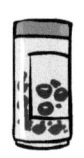

kruiden

양념

ketchup

케첩

mosterd

겨자

mayonaise

마요네즈

supermarkt
수퍼마켓

aanbieding
특가 판매
FOR
klant
고객
zuivelproducten
유제품
fruit
과일
winkelwagen
트롤리

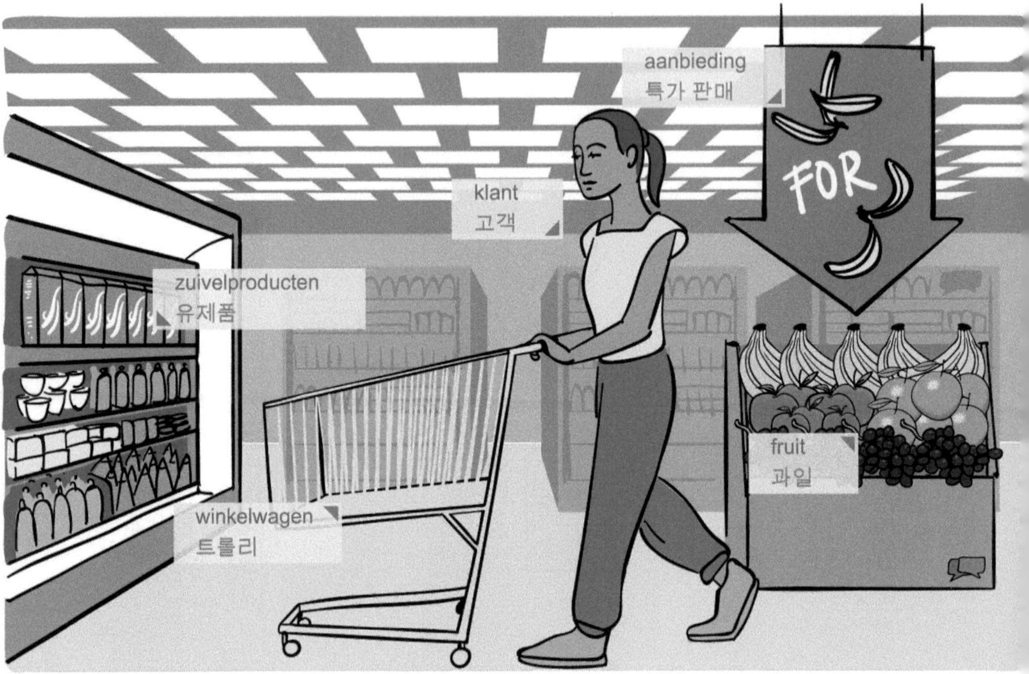

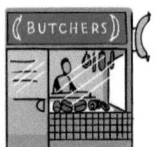

BUTCHERS

slagerij
정육점

BAKERY

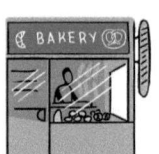

bakkerij
빵집

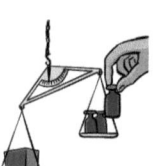

wegen
무게가 나가다

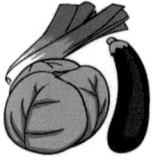

groenten
채소

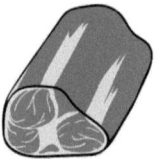

vlees
고기

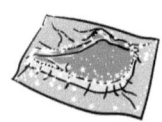

diepvriesvoedsel
냉동식품

charcuterie

냉육

conserven

통조림

waspoeder

가루 세제

snoep

달콤한 간식

huishoudproducten

가정용품

schoonmaakproducten

세척제

verkoopster

판매원

kassa

계산대

kassier

계산원

boodschappenlijstje

구매목록

openingstijden

문 여는 시간

portefeuille

지갑

kredietkaart

신용카드

tas

가방

plastieken zakje

비닐 봉투

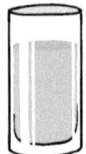

water
물

sap
주스

melk
우유

cola
콜라

wijn
와인

bier
맥주

alcohol
술

cacao
카카오

thee
차고

koffie
커피

espresso
에스프레소

cappuccino
카푸치노

banaan

바나나

appel

사과

sinaasappel

오렌지

meloen

수박

citroen

레몬

wortel

당근

knoflook

마늘

bamboe

대나무

ajuin

양파

champignon

버섯

noten

견과류

noodles

국수

spaghetti

스파게티

rijst

쌀

salade

샐러드

frieten

감자칩

gebakken aardappelen

감자튀김

pizza

피자

hamburger

햄버거

sandwich

샌드위치

kalfslapje

커틀렛

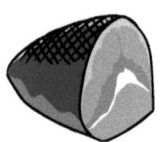

ham

햄

salami

살라미

worst

소시지

kip

닭

braden

구이

vis

생선

havervlokken

오트밀

muesli

뮤슬리

cornflakes

콘플레이크

bloem

밀가루

croissant

크루아상

pistolet

롤빵

brood

빵

toast

토스트

koekjes

비스킷

boter

버터

kwark

응유

taart

케이크

ei

달걀

spiegelei

계란 후라이

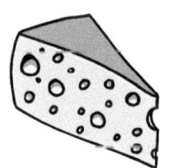

kaas

치즈

ijs

아이스크림

suiker

설탕

honing

꿀

confituur

잼

choco

누가 크림

curry

카레

boerderij
농장

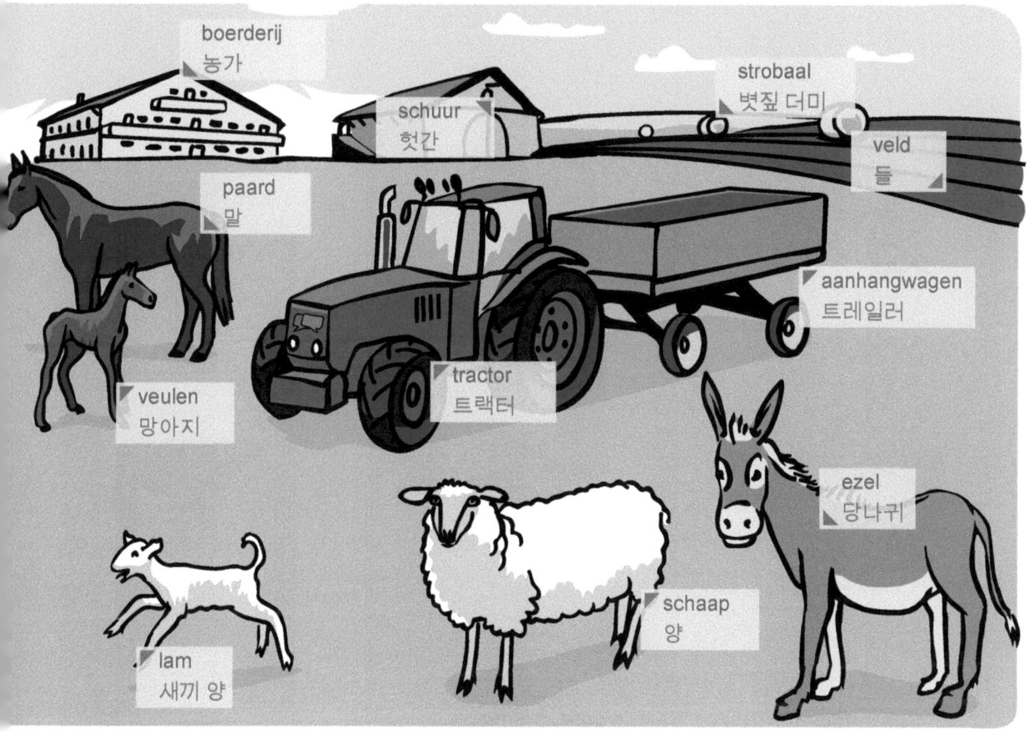

boerderij
농가
schuur
헛간
strobaal
볏짚 더미
veld
들
paard
말
aanhangwagen
트레일러
tractor
트랙터
veulen
망아지
ezel
당나귀
schaap
양
lam
새끼 양

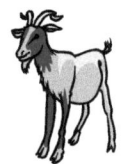

geit
염소

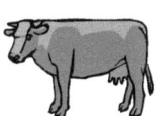

koe
암소

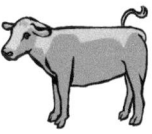

kalf
송아지

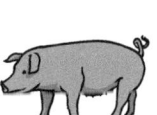

varken
돼지

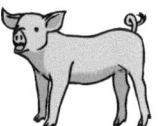

biggetje
새끼 돼지

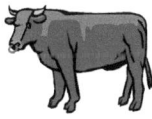

stier
황소

gans

거위

eend

오리

kuiken

병아리

kip

암탉

haan

수탉

rat

쥐

kat

고양이

muis

생쥐

os

황소

hond

개

hondenhok

개집

tuinslang

정원용 호스

gieter

물뿌리개

zeis

큰 낫

ploeg

쟁기

sikkel

낫

schoffel

괭이

hooivork

쇠스랑

bijl

도끼

kruiwagen

외바퀴 손수레

trog

여물통

melkkan

우유 캔

zak

부대

hek

울타리

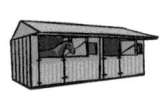

stal

축사

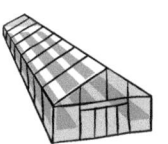

broeikas

비닐하우스

bodem

땅

zaad

씨앗

mest

거름

maaidorser

콤바인

oogsten

수확하다

oogst

수확

yam

참마

tarwe

밀

soja

콩

aardappel

감자

maïs

옥수수

koolzaad

유채씨

fruitboom

과일나무

maniok

카사바

graan

곡식

huis
집

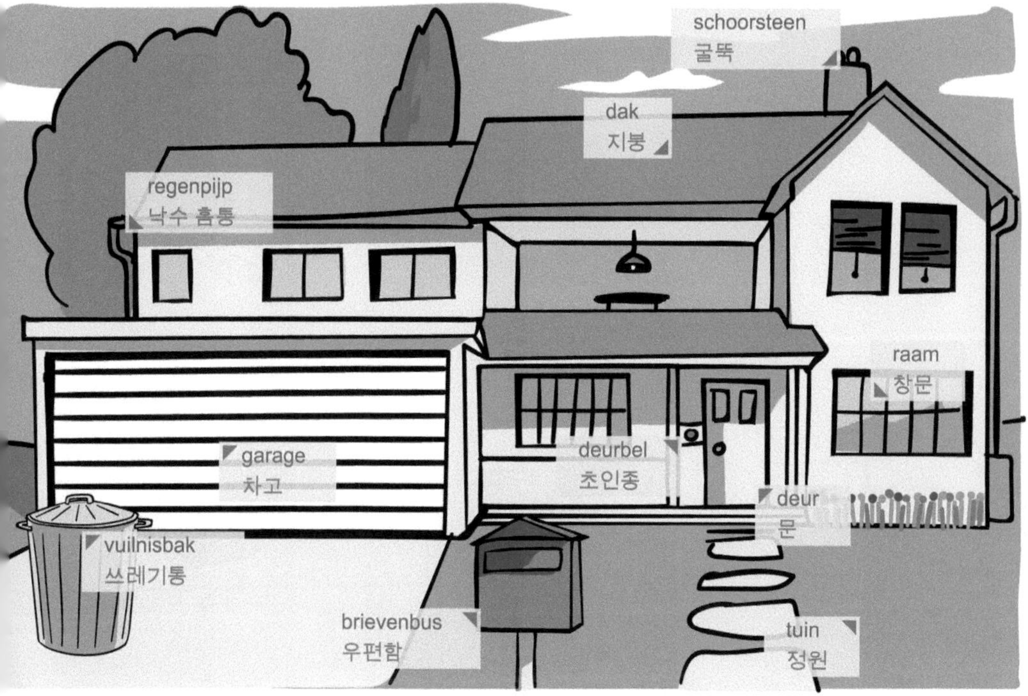

schoorsteen
굴뚝
dak
지붕
regenpijp
낙수 홈통
raam
창문
garage
차고
deurbel
초인종
deur
문
vuilnisbak
쓰레기통
brievenbus
우편함
tuin
정원

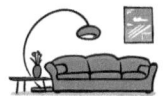

woonkamer
응접실

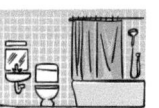

badkamer
욕실

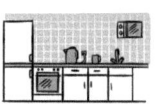

keuken
부엌

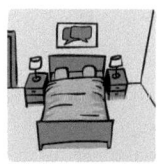

slaapkamer
침실

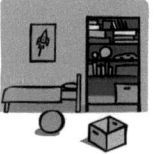

kinderkamer
아이들 방

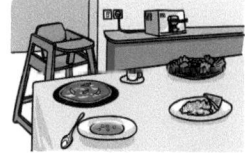

eetkamer
식사실

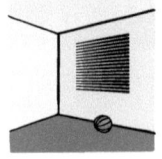

vloer

바닥

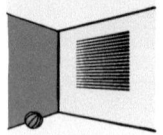

muur

벽

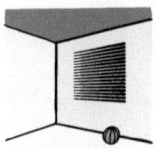

plafond

천장

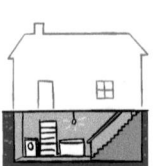

kelder

지하실

sauna

사우나

balkon

발코니

terras

테라스

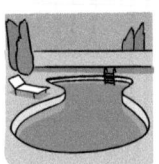

zwembad

수영장

grasmaaier

잔디 깎는 기계

dekbedovertrek

침대 시트

dekbed

이불

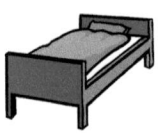

bed

침대

bezem

빗자루

emmer

양동이

schakelaar

스위치

woonkamer
응접실

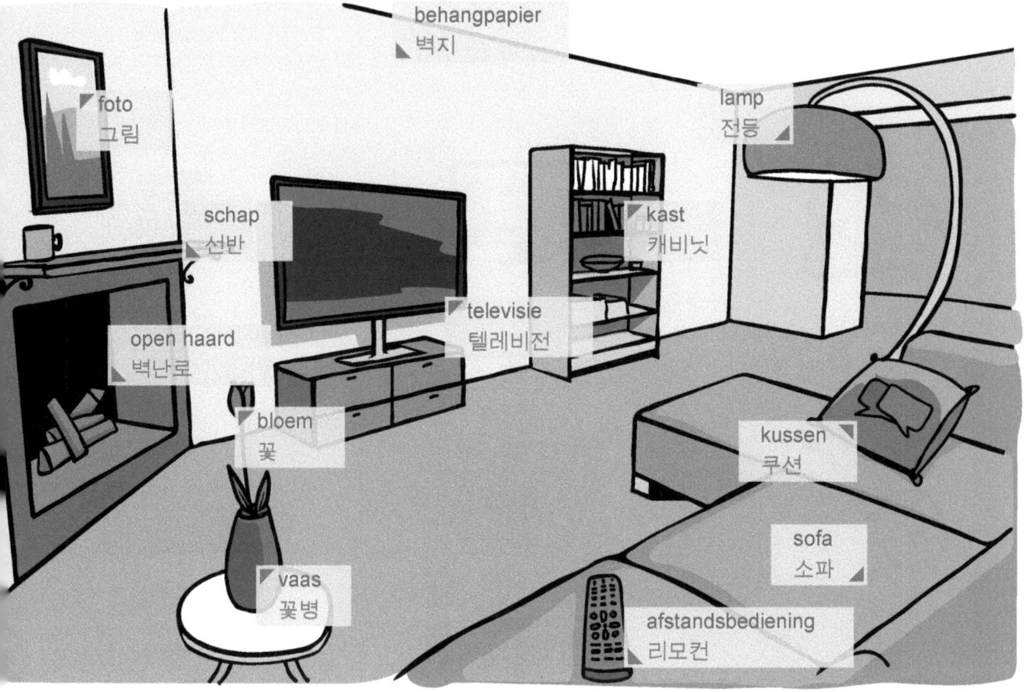

behangpapier
벽지
foto
그림
lamp
전등
schap
선반
kast
캐비닛
televisie
텔레비전
open haard
벽난로
bloem
꽃
kussen
쿠션
sofa
소파
vaas
꽃병
afstandsbediening
리모컨

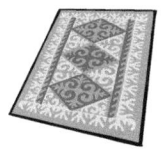

mat

카페트

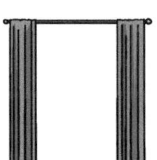

gordijn

커튼

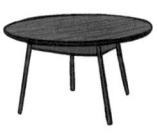

tafel

탁자

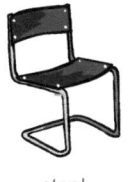

stoel

의자

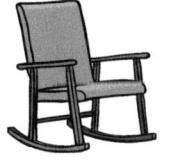

schommelstoel

흔들의자

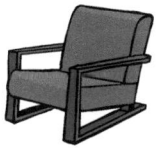

fauteuil

안락의자

boek
책

deken
담요

decoratie
장식

brandhout
땔감나무

film
영화

stereo-installatie
하이파이 기기

sleutel
열쇠

krant
신문

schilderij
회화

poster
포스터

radio
라디오

notitieboekje
노트

stofzuiger
진공청소기

cactus
선인장

kaars
초

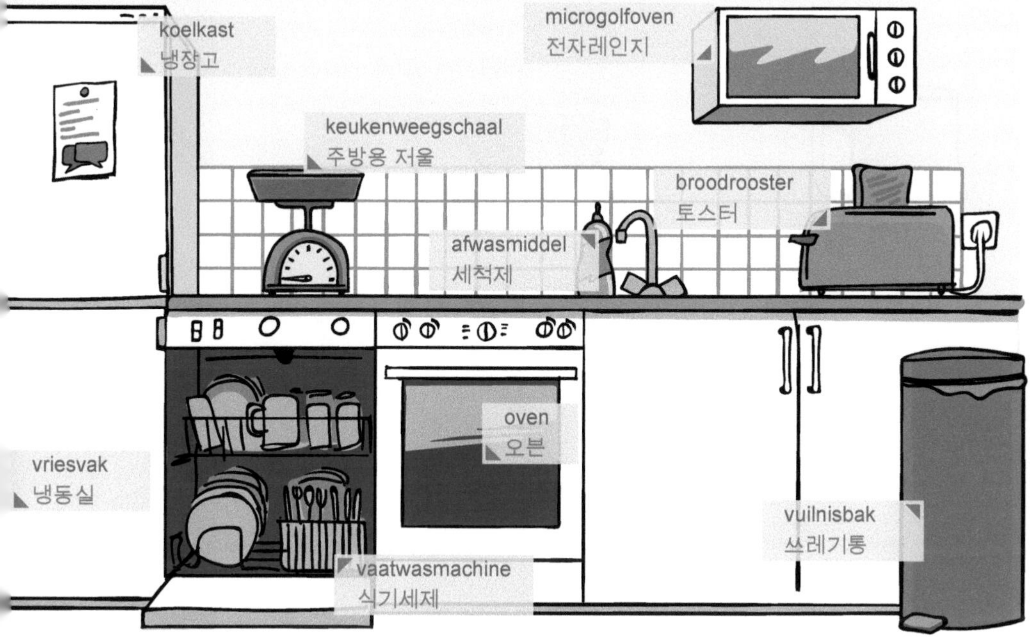

koelkast
냉장고

microgolfoven
전자레인지

keukenweegschaal
주방용 저울

broodrooster
토스터

afwasmiddel
세척제

oven
오븐

vriesvak
냉동실

vuilnisbak
쓰레기통

vaatwasmachine
식기세제

fornuis
쿠커

pot
냄비

gietijzeren pot
주철 냄비

wok / kadai
웍 / 카다이 냄비

pan
프라이팬

waterkoker
주전자

stoomkoker

찜기

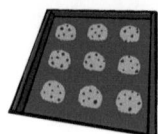

bakplaat

오븐 구이용 쟁반

servies

그릇

mok

머그

kom

양푼이

eetstokjes

젓가락

pollepel

국자

spatel

주걱

garde

거품기

vergiet

여과기

zeef

체

rasp

강판

mortier

절구

barbecue

바베큐

haardvuur

화덕

snijplank

도마

deegrol

밀방망이

kurkentrekker

코르크 병따개

blik

캔

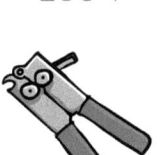

blikopener

캔 따개

pannenlap

냄비 받침

gootsteen

개수대

borstel

솔

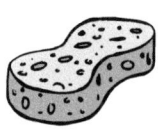

spons

수세미

blender

블렌더

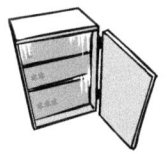

vriezer

냉동고

papfles

젖병

kraan

수도꼭지

badkamer

욕실

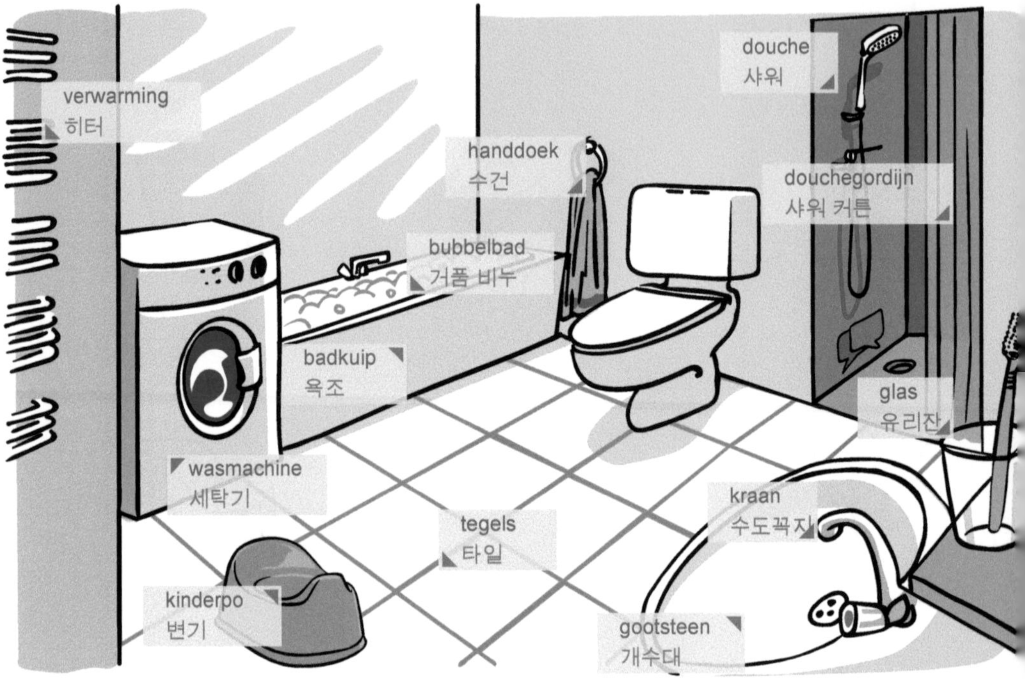

verwarming
히터
handdoek
수건
douche
샤워
douchegordijn
샤워 커튼
bubbelbad
거품 비누
badkuip
욕조
wasmachine
세탁기
tegels
타일
kinderpo
변기
glas
유리잔
kraan
수도꼭지
gootsteen
개수대

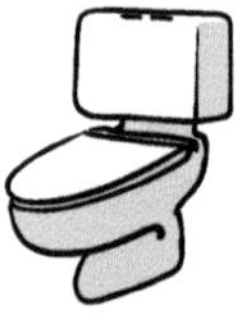

toilet

화장실

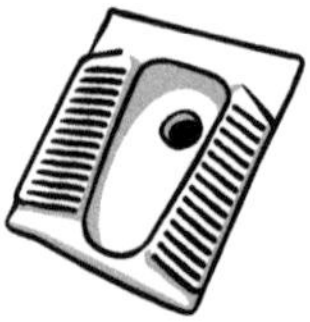

hurktoilet

재래식 화장실

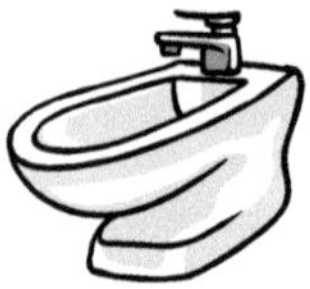

bidet

비데

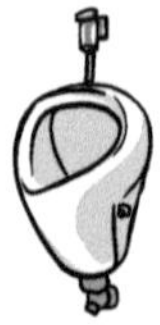

urinoir

공중 변소

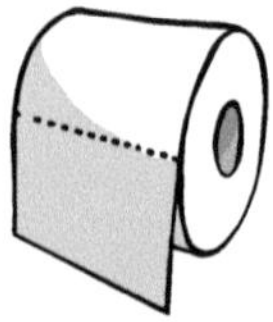

toiletpapier

화장지

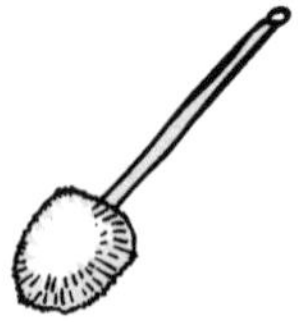

toiletborstel

변기솔

tandenborstel

치솔

tandpasta

치약

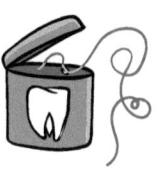

flosdraad

치실

wassen

씻다

handdouche

샤워기

bidethanddouche

질 세척제

waskom

대야

rugborstel

등밀이솔

zeep

비누

douchegel

샤워 젤

shampoo

샴푸

washandje

물걸레

afvoer

배수관

crème

크림

deodorant

체취 제거제

spiegel

거울

handspiegel

휴대용 거울

scheermes

면도기

scheerschuim

면도 거품

aftershave

에프터쉐이브

kam

빗

borstel

솔

haardroger

헤어드라이기

haarlak

헤어스프레이

make-up

메이크업

lippenstift

립스틱

nagellak

손톱깎이

watten

면 솜

nagelknipper

손톱

parfum

향수

toilettas

세면도구 주머니

kruk

스툴

weegschaal

저울

badjas

목욕 가운

latex handschoenen

고무 장갑

tampon

탐폰

maandverband

생리대

chemisch toilet

화학 화장실

kinderkamer
아이들 방

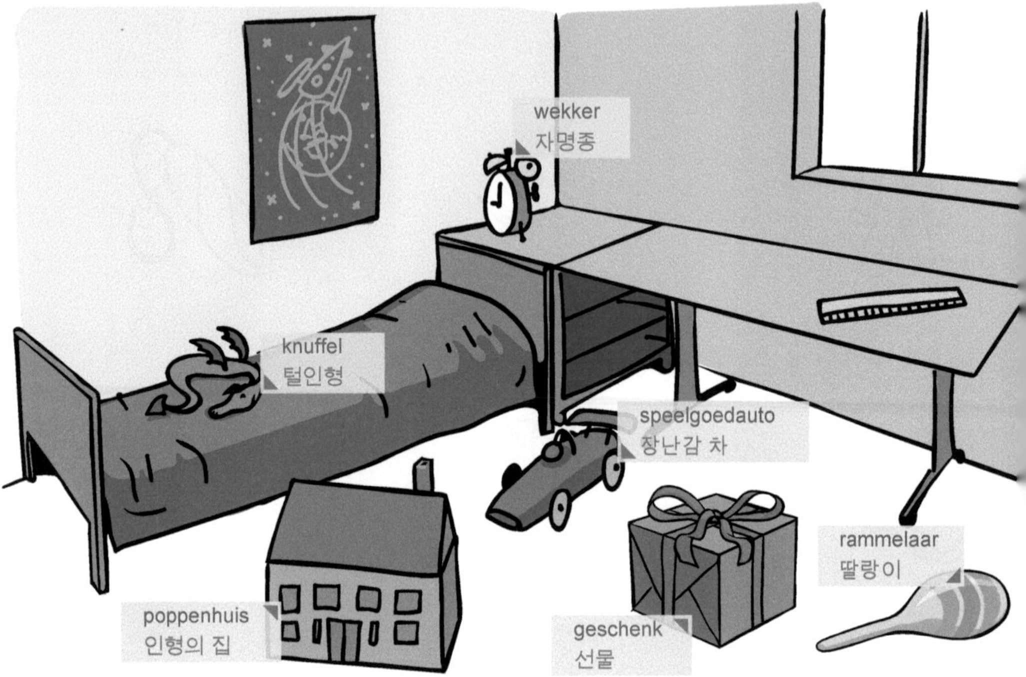
wekker
자명종
knuffel
털인형
speelgoedauto
장난감 차
rammelaar
딸랑이
poppenhuis
인형의 집
geschenk
선물

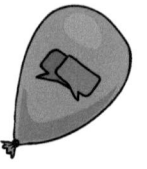

ballon

풍선

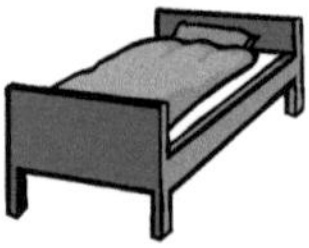

bed

침대

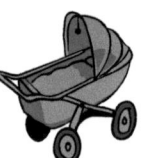

kinderwagen

유모차

spel kaarten

카드 게임

puzzel

퍼즐

SUPER
MEGA

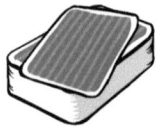

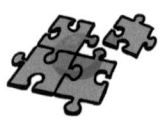

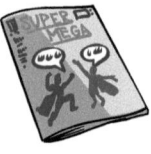

stripboek

만화

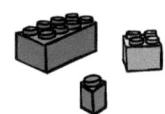

legoblokjes

레고

blokken

장난감 블럭

actiefiguur

액션 캐릭터

kruippakje

베이비 그로

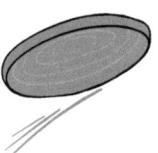

frisbee

프리스비

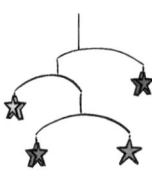

mobiel

모빌

bordspel

보드 게임

dobbelsteen

주사위

modelspoorweg

기차 모형 세트

fopspeen

노리개 젖꼭지

feest

파티

prentenboek

그림책

bal

공

pop

인형

spelen

놀다

zandbak

모래상자

schommel

그네

speelgoed

장난감

spelconsole

비디오 게임 콘솔

driewieler

세바퀴자전거

knuffelbeer

곰인형

kleerkast

옷장

kleding

의복

sokken

양말

kousen

스타킹

maillot

스타킹

sjaal
스카프

riem
허리띠

paraplu
우산

T-shirt
티셔츠

sneakers
운동화

laarzen
부츠

slippers
슬리퍼

sandalen
샌들

schoenen
신발

rubberlaarzen
고무 장화

onderbroek
팬티

beha
브래지어

onderhemd
러닝 셔츠

lichaam
바디

broek
바지

jeans
청바지

rok
치마

blouse
블라우스

hemd
셔츠

trui
폴오버

capuchontrui
후드티

blazer
블레이저

jas
자켓

jas
외투

regenjas
비옷

kostuum
의상

jurk
원피스

trouwjurk
웨딩 드레스

pak

양복

nachthemd

나이트가운

pyjama

잠옷

sari

사리

hoofddoek

두건

tulband

터번

boerka

부르카

kaftan

카프탄

abaya

아바야

badpak

수영복

zwembroek

수영바지

short

반바지

trainingspak

트레이닝복

schort

앞치마

handschoenen

장갑

knoop

단추

bril

안경

armband

팔찌

ketting

목걸이

ring

반지

oorbel

귀걸이

pet

캡 모자

kapstok

옷걸이

hoed

모자

das

넥타이

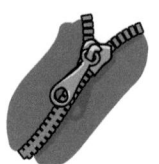

rits

지퍼

helm

헬멧

bretellen

멜빵

schooluniform

교복

uniform

유니폼

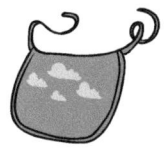

slabbetje

턱받이

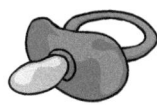

fopspeen

노리개 젖꼭지

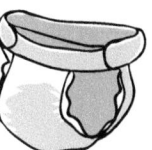

luier

기저귀

kantoor
사무실

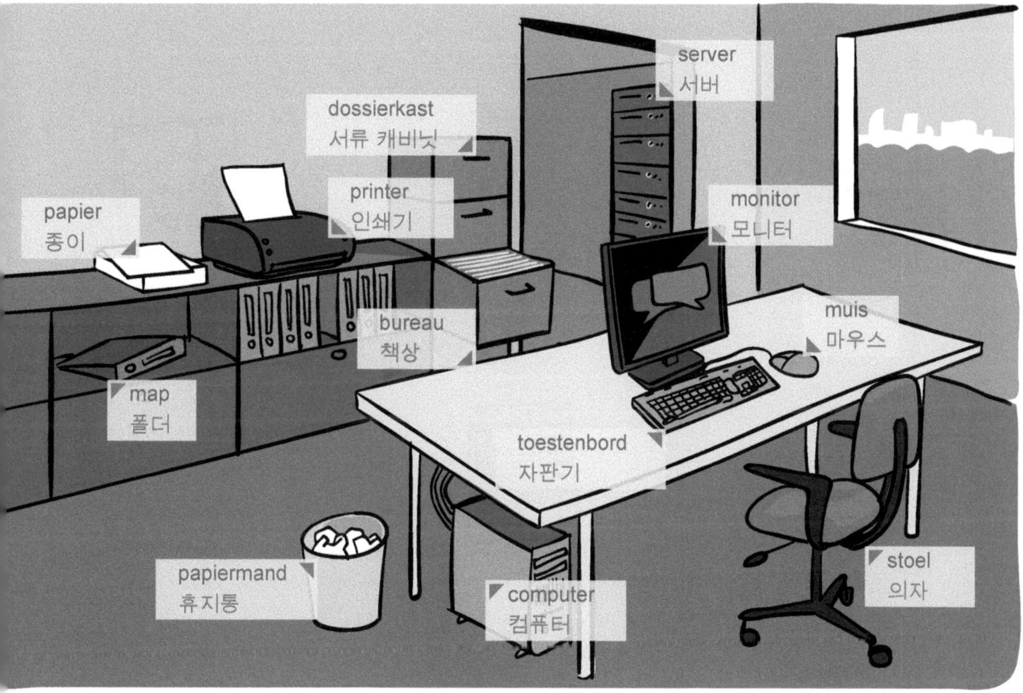
server
서버
dossierkast
서류 캐비닛
printer
인쇄기
papier
종이
monitor
모니터
bureau
책상
muis
마우스
map
폴더
toestenbord
자판기
papiermand
휴지통
computer
컴퓨터
stoel
의자

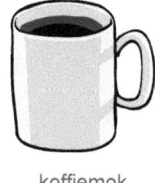

koffiemok

커피잔

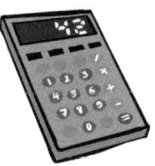

rekenmachine

계산기

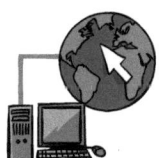

internet

인터넷

laptop
노트북

brief
편지

bericht
메시지

gsm
휴대전화

netwerk
네트워크

kopieerapparaat
복사기

software
소프트웨어

telefoon
전화

stopcontact
플러그 소켓

fax
팩시밀리

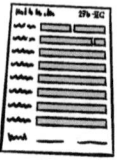

formulier
서식

document
서류

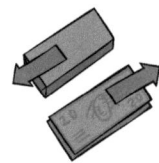

kopen
사다

betalen
지불하다

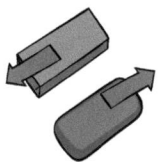

handelen
거래하다

geld
돈

dollar
달러

euro
유로

yen
엔

roebel
루벨

Zwitserse frank
스위스 프랑

Chinese renminbi
위안

roepie
루피

geldautomaat
현금인출기

wisselkantoor

환전소

goud

금

zilver

은

olie

석유

energie

에너지

prijs

가격

contract

계약

belasting

세금

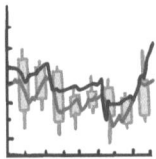

aandeel

주식

werken

일하다

werknemer

근로자

werkgever

고용주

fabriek

공장

winkel

상점

politieagent
경찰관

brandweerman
소방관

piloot
조종사

kok
요리사

dokter
의사

tuinman

정원사

timmerman

목수

naaister

수선공

rechter

판사

chemicus

화학자

acteur

배우

buschauffeur

버스운전사

taxichauffeur

택시 운전사

visser

어부

schoonmaakster

청소부

dakdekker

지붕 수리자

ober

웨이터

jager

사냥꾼

schilder

화가

bakker

제빵사

elektricien

전기업자

bouwvakker

건축업자

ingenieur

엔지니어

slager

정육점업자

loodgieter

배관업자

postbode

우편물 배달부

soldaat

군인

architect

건축가

kassier

계산원

bloemist

플로리스트

kapper

미용사

conducteur

검표원

mecanicien

정비사

kapitein

선장

tandarts

치과의사

wetenschapper

학자

rabbijn

유대교 라비

imam

이맘

monnik

수도승

geestelijke

사제

werktuigen
연장

tang
펜치
hamer
망치
schroevendraaier
나사 드라이버
schroefsleutel
렌치
zaklamp
손전등

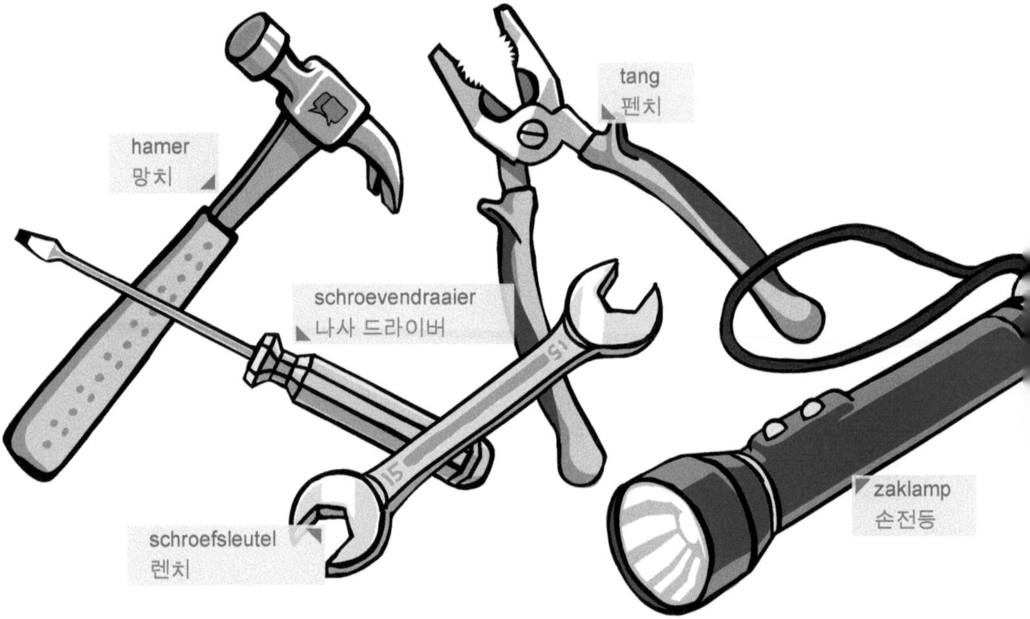

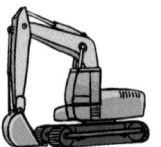

graafmachine

굴삭기

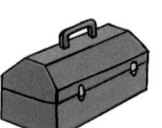

gereedschapskoffer

연장통

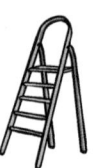

ladder

사다리

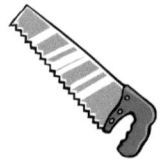

zaag

톱

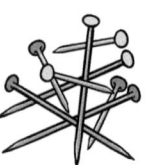

spijkers

못

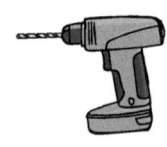

boormachine

드릴

repareren
수리하다

schop
삽

Verdomme!
젠장!

blik
쓰레받기

verfpot
페인트통

schroeven
나사

muziekinstrumenten
악기

drumstel
드럼

luidspreker
스피커

gitaar
기타

contrabas
콘트라베이스

trompet
트럼펫

piano

피아노

viool

바이올린

basgitaar

베이스

pauk

팀파니

trommels

북

keyboard

키보드

saxofoon

색소폰

fluit

플루트

microfoon

마이크

tijger
호랑이

ingang
입구

kooi
우리

zebra
얼룩말

diereneten
사료

panda
판다 곰

dieren

동물

olifant

코끼리

kangoeroe

캥거루

neushoorn

코뿔소

gorilla

고릴라

beer

곰

kameel

낙타

struisvogel

타조

leeuw

사자

aap

원숭이

flamingo

홍학

papegaai

앵무새

ijsbeer

북극곰

pinguïn

펭귄

haai

상어

pauw

공작

slang

뱀

krokodil

악어

dierenverzorger

동물원 사육사

zeehond

물개

jaguar

재규어

pony

조랑말

luipaard

표범

nijlpaard

하마

giraffe

기린

adelaar

독수리

wild zwijn

멧돼지

vis

생선

zeeschildpad

거북이

walrus

바다코끼리

vos

여우

gazelle

영양

rugby
미식축구

wielrennen
자전거 경기

tennis
테니스

basketbal
농구

zwemmen
수영

ijshockey
아이스하키

boksen
권투

voetbal
축구

badminton
배드민턴

atletiek
육상 경기

handbal
핸드볼

skiën
스키

polo
폴로

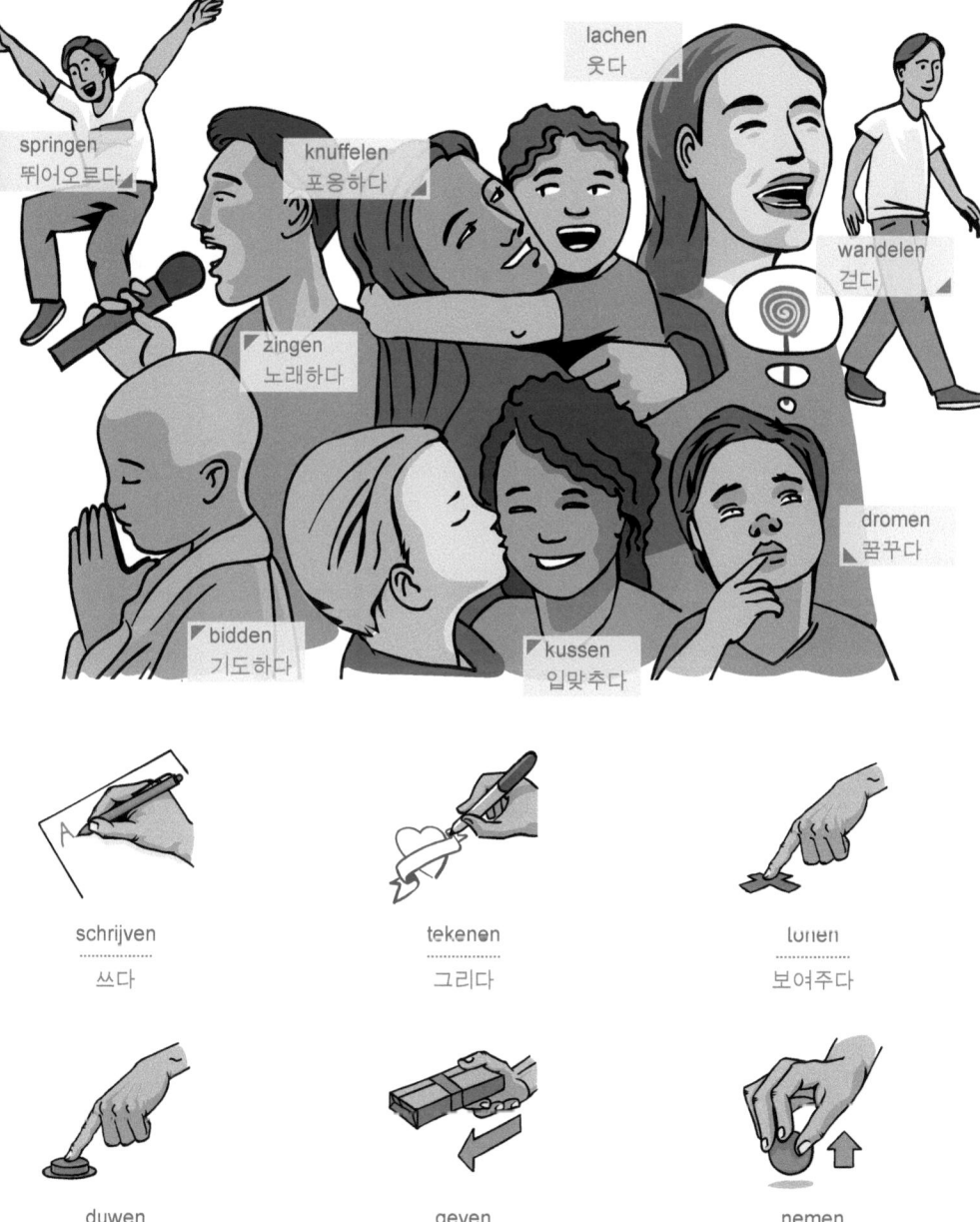

springen
뛰어오르다

lachen
웃다

knuffelen
포옹하다

wandelen
걷다

zingen
노래하다

dromen
꿈꾸다

bidden
기도하다

kussen
입맞추다

schrijven
쓰다

tekenen
그리다

tonen
보여주다

duwen
밀다

geven
주다

nemen
받다

hebben

가지다

doen

행하다

zijn

...이다

staan

서있다

lopen

뛰다

trekken

당기다

gooien

던지다

vallen

떨어지다

liggen

누워있다

wachten

기다리다

dragen

운반하다

zitten

앉다

aankleden

옷을 입다

slapen

자다

ontwaken

깨다

kijken naar

보다

wenen

울다

aaien

쓰다듬다

kammen

빗다

praten

말하다

begrijpen

이해하다

vragen

묻다

luisteren

듣다

drinken

마시다

eten

먹다

opruimen

정리하다

houden van

사랑하다

koken

요리하다

rijden

주행하다

vliegen

날다

zeilen

해항하다

rekenen

계산하다

Lezen

읽다

leren

배우다

werken

일하다

trouwen

결혼하다

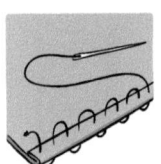

naaien

바느질하다

tandenpoetsen

이를 닦다

doden

죽이다

roken

담배 피우다

sturen

보내다

grootmoeder
할머니

grootvader
할아버지

vader
아버지

moeder
어머니

baby
아기

dochter
딸

zoon
아들

gast
손님

tante
이모 / 고모

oom
삼촌

broer
형제

zus
자매

lichaam

몸통

voorhoofd
이마
oog
눈
schouder
어깨
vinger
손가락
gezicht
얼굴
kin
턱
hand
손가락
been
다리
borst
가슴
arm
팔

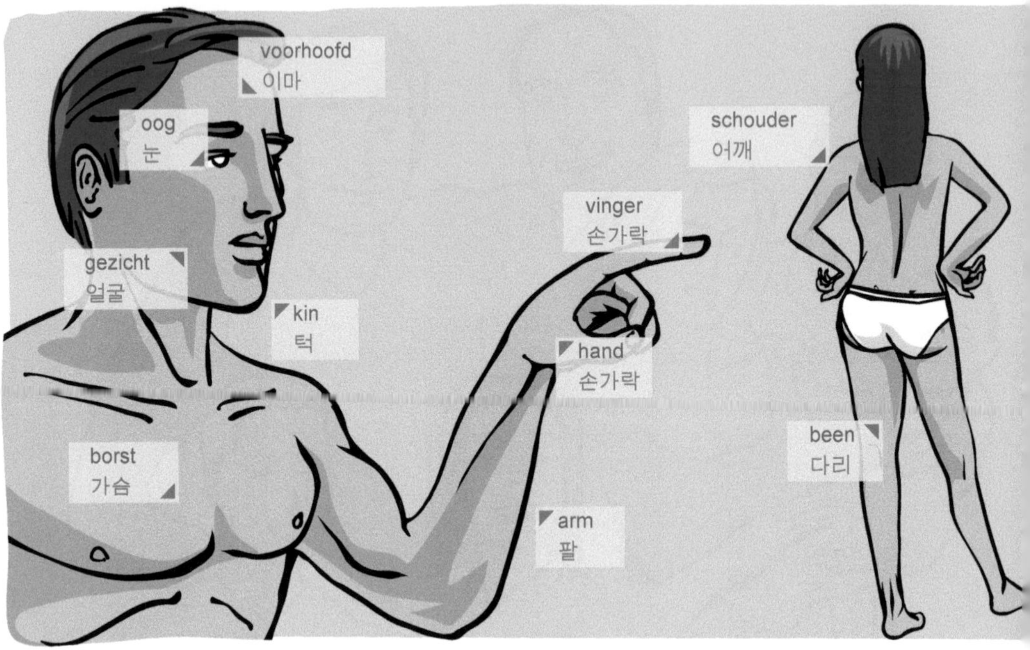

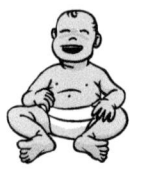

baby
아기

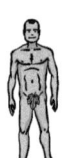

man
남자

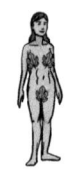

vrouw
여자

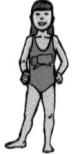

meisje
소녀

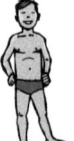

jongen
소년

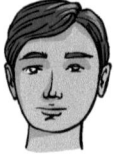

hoofd
머리카락

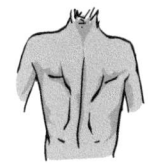

rug
등

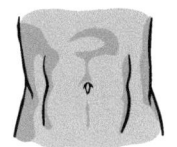

buik
배

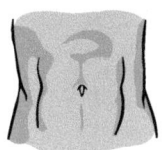

navel
배꼽

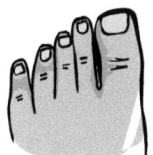

teen
발가락

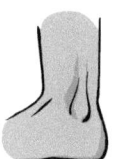

hiel
발꿈치

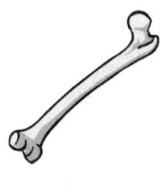

bot
뼈

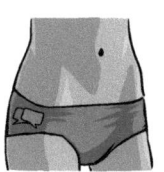

heup
엉덩이

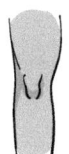

knie
무릎

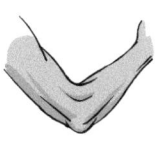

elleboog
팔꿈치

neus
코

zitvlak
둔부

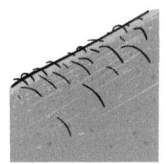

huid
피부

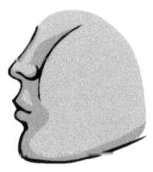

wang
뺨

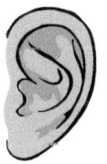

oor
귀

lip
입술

mond

입

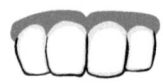

tand

치아

tong

혀

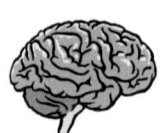

hersenen

뇌

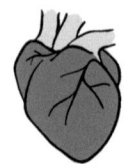

hart

심장

spier

근육

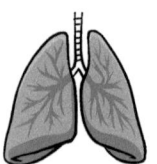

long

허파

lever

간

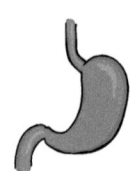

maag

위

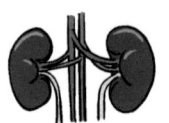

nieren

신장

seks

성교

condoom

콘돔

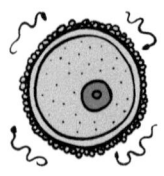

eicel

난자

sperma

정자

zwangerschap

임신

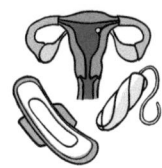

menstruatie

월경

vagina

질

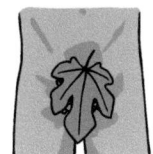

penis

음경

wenkbrauw

눈썹

haar

머리카락

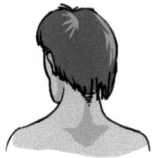

nek

목

ziekenhuis
병원

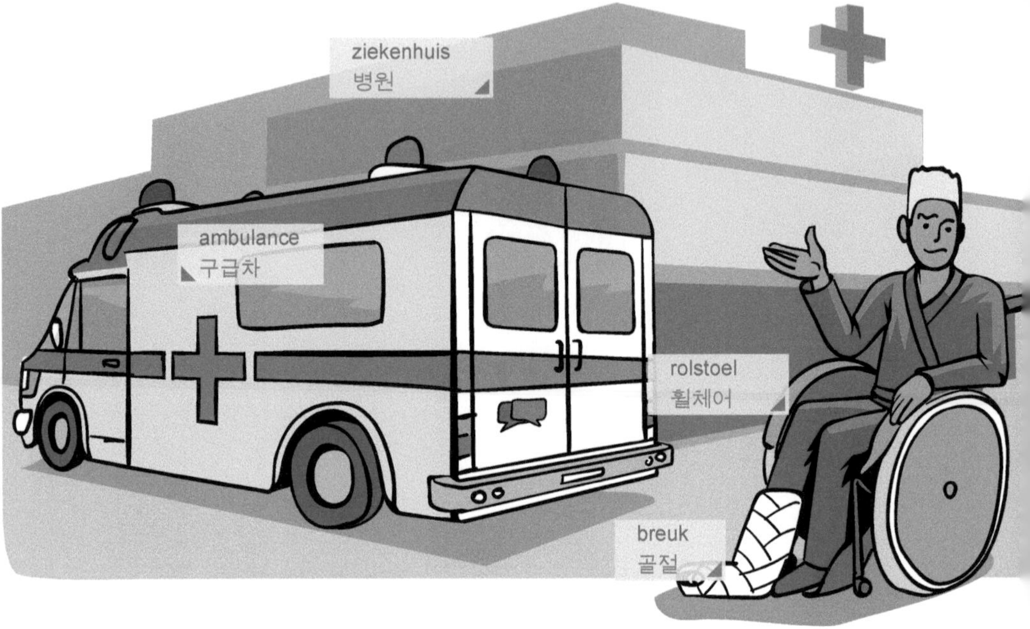

ziekenhuis
병원
ambulance
구급차
rolstoel
휠체어
breuk
골절

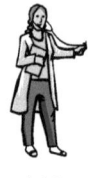

dokter
의사

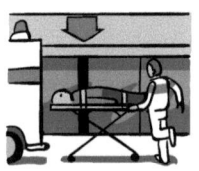

spoed
응급실

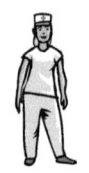

verpleegkundige
간호사

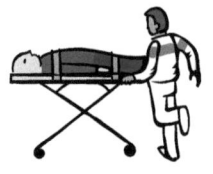

noodgeval
응급상황

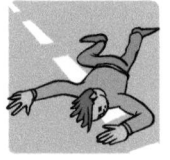

bewusteloos
혼수상태

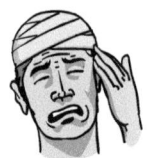

pijn
통증

verwonding

부상

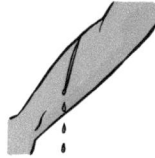

bloeding

출혈

hartaanval

심장마비

beroerte

뇌졸중

allergie

알러지

hoest

기침

koorts

열

griep

독감

diarree

설사

hoofdpijn

두통

kanker

암

diabetes

당뇨병

chirurg

외과의

scalpel

수술용 메스

operatie

수술

CT

CT

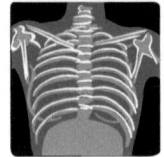

röntgenstraal

엑스레이

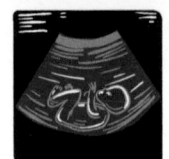

ultrageluid

초음파

gezichtsmasker

마스크

ziekte

질병

wachtkamer

대기실

kruk

목발

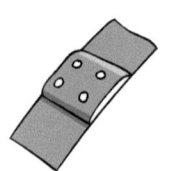

pleister

반창고

verband

붕대

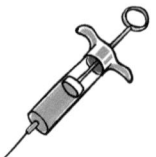

injectie

주사

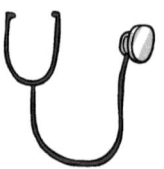

stethoscoop

청진기

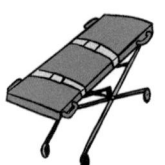

brancard

들것

thermometer

체온계

geboorte

출생

overgewicht

과체중

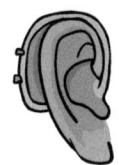

hoorapparaat
보청기

ontsmettingsmiddel
소독약

infectie
감염

virus
바이러스

HIV / AIDS
HIV / AIDS

medicijn
의학

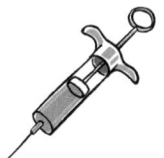

vaccinatie
예방접종

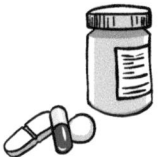

tabletten
알약

pil
알약

noodoproep
구급 전화

bloeddrukmeter
혈압측정기

ziek / gezond
병든 / 건강한

alarm

경보음

overval

폭행

Help!

도와주세요!

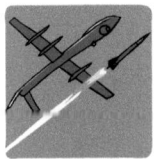

aanval

공격

gevaar

위험

nooduitgang

비상구

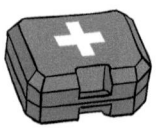

Brand!

불이야!

brandblusser

소화기

ongeval

사고

EHBO-kit

구급 상자

SOS

SOS

politie

경찰

Europa

유럽

Noord-Amerika

북미

Zuid-Amerika

남미

Afrika

아프리카

Azië

아시아

Australië

호주

Atlantische Oceaan

북극

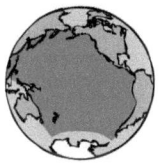

Stille Oceaan

태평양

Indische Oceaan

인도양

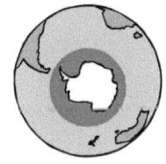

Antarctische Oceaan

남극해

Arctische Oceaan

북극해

Noordpool

북극해

Zuidpool

남극해

Antarctica

남극

aarde

지구

land

육지

zee

바다

eiland

섬

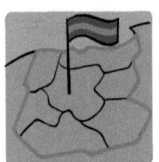

natie

국가

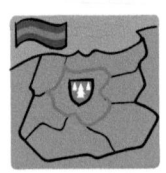

staat

주

wijzerplaat
....
시계 문자판

uurwijzer
....
시침

minuutwijzer
....
분침

secondewijzer
....
초침

Hoe laat is het?
....
몇 시입니까?

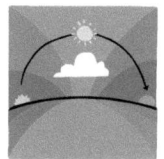

dag
....
일

tijd
....
시간

nu
....
지금

digitale horloge
....
디지털 시계

minuut
....
분

uur
....
시간

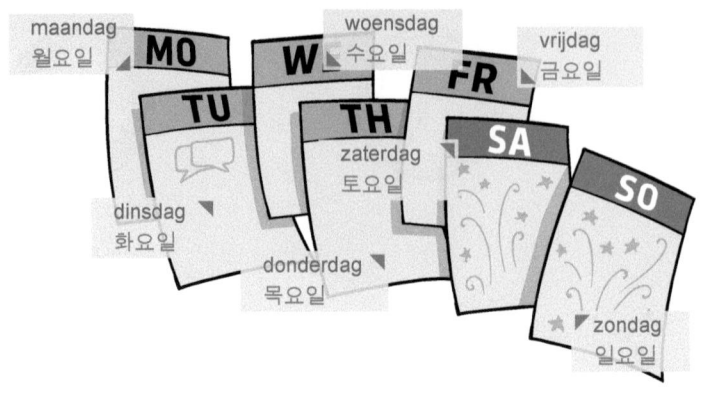

maandag
월요일

woensdag
수요일

vrijdag
금요일

dinsdag
화요일

zaterdag
토요일

donderdag
목요일

zondag
일요일

gisteren

어제

vandaag

오늘

morgen

내일

ochtend

아침

middag

정오

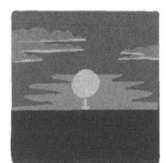

avond

저녁

werkdagen

근로일

weekend

주말

regen
비

regenboog
무지개

wind
바람

sneeuw
눈

lente
봄

zomer
여름

herfst
가을

winter
겨울

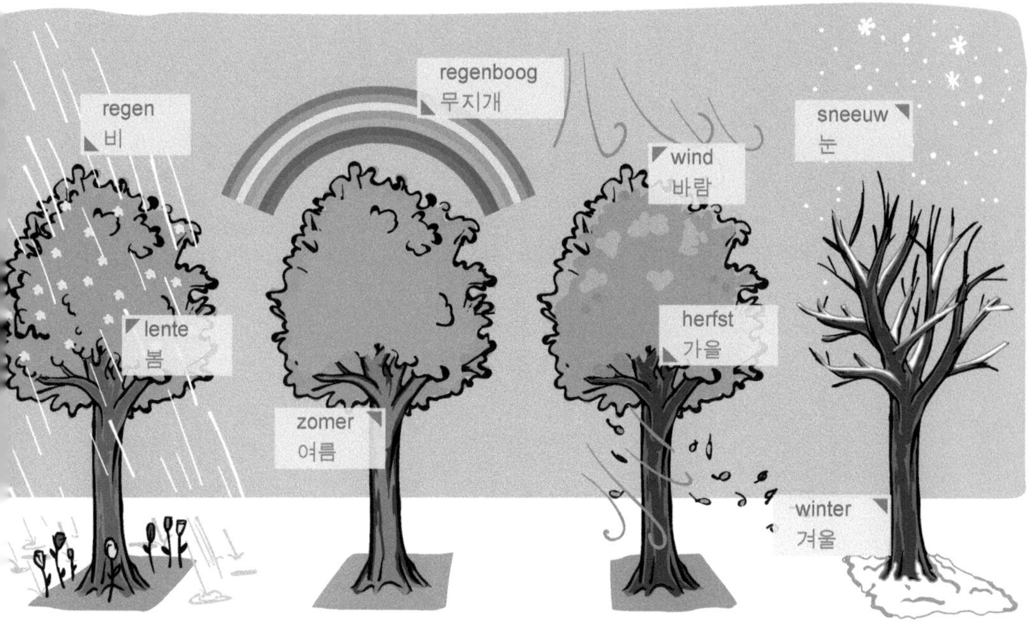

weervoorspelling

날씨 예보

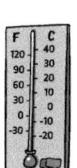

thermometer

온도계

zonneschijn

햇빛

wolk

구름

mist

안개

vochtigheid

습도

bliksem

번개

donder

천둥

storm

폭풍

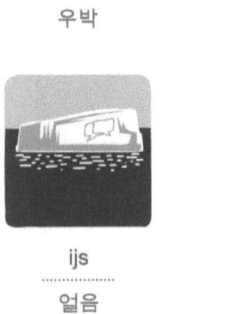

hagel

우박

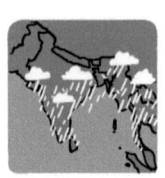

moesson

장마

overstroming

홍수

ijs

얼음

januari

1월

februari

2월

maart

3월

april

4월

mei

5월

juni

6월

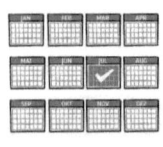

juli

7월

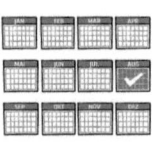

augustus

8월

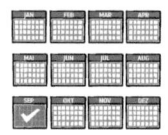

september

9월

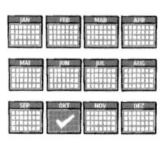

oktober

10월

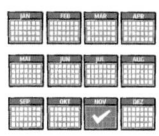

november

11월

december

12월

vormen
형태

cirkel

원

kwadraat

정사각형

rechthoek

직사각형

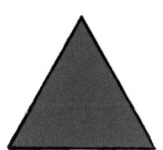

driehoek

삼각형

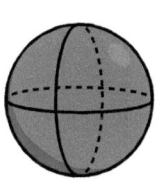

bol

구

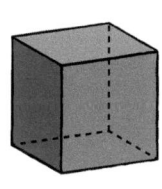

kubus

정사면체

wit

하양

geel

노랑

oranje

주황

roze

분홍

rood

빨강

paars

보라

blauw

파랑

groen

초록

bruin

갈색

grijs

회색

zwart

검정

veel / weinig

많은 / 적은

boos / kalm

화난 / 차분한

mooi / lelijk

아름다운 / 추한

begin / einde

시작 / 끝

groot / klein

큰 / 작은

licht / donker

밝은 / 어두운

broer / zus

형제 / 자매

proper / vuil

깨끗한 / 더러운

volledig / onvolledig

완전한 / 불완전한

dag / nacht

낮 / 밤

dood / levend

죽은 / 산

breed / smal

넓은 / 좁은

eetbaar / oneetbaar

삭용의 / 비식용의

kwaadaardig / vriendelijk

불친절한 / 친절한

opgewonden / verveeld

흥분된 / 지루한

dik / dun

뚱뚱한 / 마른

eerst / laatst

처음으로 / 마지막으로

vriend / vijand

친구 / 적

vol / leeg

꽉 찬 / 텅 빈

hard / zacht

딱딱한 / 부드러운

zwaar / licht

무거운 / 가벼운

honger / dorst

배고픔 / 목마름

ziek / gezond

병든 / 건강한

illegaal / legaal

불법 / 합법

intelligent / dom

영리한 / 어리석은

links / rechts

왼 / 오른

dichtbij / veraf

가까운 / 먼

nieuw / gebruikt

새 / 헌

niets / iets

무 / 유

oud / jong

늙은 / 젊은

aan / uit

온 / 오프

open / dicht

열린 / 닫힌

stil / luid

조용한 / 시끄러운

rijk / arm

부유한 / 가난한

juist / fout

옳은 / 틀린

ruw / glad

거친 / 매끄러운

droevig / blij

슬픈 / 기쁜

kort / lang

짧은 / 긴

traag / snel

느린 / 빠른

nat / droog

젖은 / 마른

warm / koud

따뜻한 / 시원한

oorlog / vrede

전쟁 / 평화

0

nul

영

1

één

하나

2

twee

둘

3

drie

셋

4

vier

넷

5

vijf

다섯

6

zes

여섯

7

zeven

일곱

8

acht

여덟

9

negen

아홉

10

tien

열

11

elf

열하나

12	**13**	**14**
twaalf	dertien	veertien
열둘	열셋	열넷

15	**16**	**17**
vijftien	zestien	zeventien
열다섯	열여섯	열일곱

18	**19**	**20**
achtien	negentien	twintig
열여덟	열아홉	스물

100	**1.000**	**1.000.000**
honderd	duizend	miljoen
백	천	백만

Engels

영어

Amerikaans Engels

미국식 영어

Chinees (Mandarijn)

중국어 만다린

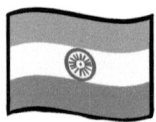

Hindi

힌두어

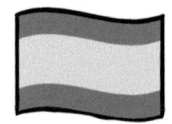

Spaans

스페인어

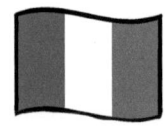

Frans

프랑스어

Arabisch

아랍어

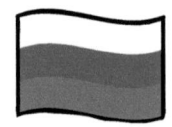

Russisch

러시아어

Portugees

포르투갈어

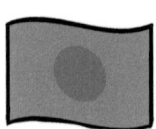

Bengali

불가리아어

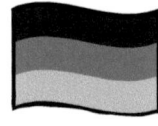

Duits

독일어

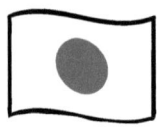

Japans

일본어

ik

나

u

너

hij / zij / het

그 / 그녀/ 그것

wij

우리

u

너희들

ze

그들

wie?

누가?

wat?

무엇이?

hoe?

어떻게?

waar?

어디서?

wanneer?

언제?

naam

이름

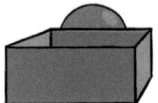

achter

뒤에

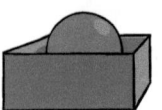

in

안에

voor

앞에

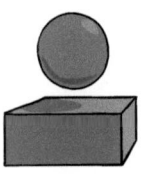

boven

위에

op

위에

onder

아래에

naast

옆에

tussen

사이에

plaats

장소